VARIATIONS CULINAIRES

230 RECETTES AUTOUR DE 65 PRODUITS

Recettes : Claude Colliot
Photographies : Patrick Aufauvre

Minerva

Préambule

Le propos de cet ouvrage est la redécouverte, ludique, du produit pour lui-même. Il s'agit de le dissocier puis, à l'aide de différentes techniques, de le transformer en plusieurs états (textures, saveurs, températures) pour le recomposer en un plat unique.
Le produit est alors sublimé par la réunion de ses qualités intrinsèques ; on en obtient la quintessence.

Ce « jeu culinaire» constitué de recettes faciles, rapides et économiques, anoblit les légumes les plus ordinaires, révèle les viandes ou les produits de la mer et transcende même un morceau de sucre ! En dévoilant des facettes cachées ou ignorées d'ingrédients les plus courants, il permet de construire un repas original, moderne, et d'une grande élégance dans sa simplicité.

Claude Colliot
Patrick Aufauvre

Sommaire

Les légumes

gousses _ tête d'ail _ croustillant _ crème

QUELLES SENSATIONS ?

Surprise d'un ail adouci.

Préparation : 10 minutes — **Temps de cuisson :** 30 minutes — **Pour 4 personnes**

L'AIL

Ingrédients • *4 têtes d'ail • 5 gousses d'ail • 0,5 g de safran • 10 cl de crème fleurette • huile de tournesol • 20 g de beurre • fleur de sel et poivre concassé*

_Les gousses

Cuire les gousses avec leur peau 20 minutes à couvert dans une petite casserole d'eau salée.
Laisser refroidir.
Couper 4 gousses aux trois quarts et servir tiède.

_La tête d'ail

Couper les têtes d'ail puis les poêler à feu doux pendant 5 minutes avec 20 grammes de beurre.

_Le croustillant

Éplucher la cinquième gousse et la couper en deux. Réserver une moitié pour la crème et détailler l'autre moitié en fines lamelles.
Frire les lamelles 1 minute dans 10 centilitres d'huile très chaude, puis les déposer sur un papier absorbant.

_La crème

Chauffer la crème fleurette dans une petite casserole avec la demi-gousse réservée et le safran.
Laisser cuire 3 minutes, assaisonner de fleur de sel et de poivre puis mixer.

PRÉPARATION : 10 minutes _ **TEMPS DE CUISSON :** 2 minutes _ **POUR 4 PERSONNES**

8

L'ASPERGE

Ingrédients *• 16 grosses asperges vertes • 1 yaourt • 5 feuilles de basilic • huile de noisette • 20 g de beurre • sel et poivre*

_Crue

Ciseler finement, sans les éplucher, 4 asperges dans la longueur.
Assaisonner avec 2 cuillerées à soupe d'huile de noisette et mélanger délicatement.

_Rôtie

Blanchir les 12 asperges restantes en les jetant 1 minute dans une casserole d'eau bouillante salée.
Plonger ensuite les asperges dans de l'eau bien froide pour stopper la cuisson.
Rôtir 8 asperges blanchies dans une poêle avec le beurre sur feu moyen pendant 1 minute. Saler et poivrer.

_En yaourt

Mixer les 4 dernières asperges blanchies avec le yaourt et les feuilles de basilic. Saler et poivrer.

crue _ rôtie _ en yaourt

QUELLES SENSATIONS ?

Fraîcheur légèrement amère du cru et rondeur du rôti.

croustillant _ compote _ coulis

QUELLES SENSATIONS ?

Crémeuse et légèrement acidulée par l'orange.

L'AUBERGINE

Ingrédients • *2 aubergines* • *le jus d'1/2 orange* • *huile d'olive* • *20 g de beurre* • *sel et poivre*

Le croustillant

Couper 1 aubergine (sans la peler) en 12 tranches fines. Les poser à plat sur la plaque du four puis les enduire d'huile d'olive.
Passer 20 minutes au four à 130 °C (th. 4-5) pour les déshydrater.

La compote

Détailler le reste des aubergines en morceaux et les faire cuire 10 minutes à couvert sur feu doux avec le beurre, le sel et le poivre.
Laisser refroidir.

Le coulis

Émulsionner au mixeur 5 cuillerées à soupe de compote d'aubergines avec le jus d'orange afin d'obtenir un coulis.

LA BETTERAVE

Ingrédients *• 16 mini-betteraves crues avec fanes • 1 feuille de laurier • 1 g de gingembre en poudre • 50 g de sucre semoule • vinaigrette au vinaigre balsamique • 2 cuillerées à soupe de vinaigre de Xérès • 10 cl de lait • 50 g de beurre • sel et poivre*

_ Les fanes

Couper puis laver les fanes des betteraves.
Assaisonner de vinaigrette au vinaigre balsamique.

_ Les betteraves

Plonger les betteraves dans une grande marmite d'eau bouillante salée et les laisser blanchir 10 minutes sur feu doux. Après cuisson, les passer sous l'eau froide et les peler.
Laisser tremper les betteraves dans un récipient rempli d'eau pendant 15 minutes. Égoutter les betteraves (réserver l'eau de trempage) et les déposer dans une casserole avec le beurre, la feuille de laurier, du sel et du poivre.
Laisser cuire à couvert sur feu très doux pendant 5 minutes.

_ Le sirop

Verser 10 centilitres d'eau de trempage dans une petite casserole.
Ajouter le sucre et le vinaigre de Xérès.
Faire réduire sur feu doux jusqu'à l'obtention d'un sirop.

_ La mousse

Mettre à chauffer le lait avec 1 cuillerée de sirop et le gingembre.
Mixer hors du feu jusqu'à l'obtention d'une mousse légère.

fanes _ betteraves _ sirop _ mousse

QUELLES SENSATIONS ?

La douceur de l'ensemble enrobe les arômes de terre.

carottes _ fanes _ semoule

QUELLES SENSATIONS ?

Des alliances opposées : cru-cuit, granuleux-fondant, froid-chaud.

Préparation : 10 minutes **Temps de cuisson :** 6 minutes **Pour 4 personnes**

LA CAROTTE

Ingrédients • *16 belles carottes avec fanes* • *1 g de cumin en poudre* • *vinaigre de vin* • *huile de tournesol* • *huile de sésame* • *50 g de beurre* • *sel et poivre*

Les carottes

Cuire 8 carottes entières, lavées et non épluchées, dans une casserole d'eau bouillante salée pendant 3 minutes.
Égoutter et mettre à rôtir dans une poêle avec le beurre et le cumin 3 minutes sur feu doux.
Saler et poivrer.

Les fanes

Plonger 8 fanes de carottes dans 10 centilitres d'huile de tournesol très chaude pendant 5 secondes.
Réserver sur un papier absorbant.

La semoule

Éplucher et couper en morceaux le reste des carottes, puis dans un récipient haut les mixer 2 minutes dans 1 litre d'eau froide jusqu'à obtention d'une semoule fine.
Récupérer les carottes à l'aide d'une écumoire et les laisser égoutter 5 minutes.
Assaisonner en sel, poivre, vinaigre de vin et huile de sésame.

LE CÈPE

Ingrédients • *800 g de cèpes moyens* • *2 g de café en poudre* • *2 branches de sarriette* • *10 cl de crème* • *huile de noisette* • *30 g de beurre* • *fleur de sel* • *sel et poivre*

_Les chips

Gratter le pied des cèpes avec un couteau pour éliminer la terre, puis passer rapidement les champignons sous l'eau froide.
Émincer 2 cèpes dans la longueur, les badigeonner d'huile de noisette puis les passer 20 minutes au four à 130 °C (th. 4-5) pour les déshydrater. Parsemer de quelques grains de fleur de sel.

_Le rôti

Cuire le reste des cèpes dans une casserole avec 4 cuillerées à soupe d'eau et 1 pincée de sel 5 minutes à couvert sur feu moyen.
Égoutter les cèpes et les laisser refroidir. Réserver l'eau de cuisson dans la casserole.
Rôtir les cèpes dans une poêle avec le beurre et la sarriette effeuillée pendant 5 minutes. Saler et poivrer.

_Le velouté

Ajouter la crème et le café à l'eau de cuisson des cèpes.
Porter à ébullition et laisser cuire pendant 3 minutes. Saler, poivrer et mixer.

chips _ rôti _ velouté

QUELLES SENSATIONS ?

Contraste du croustillant avec le soyeux du rôti.

tête _ pied _ pelure

QUELLES SENSATIONS ?

Aigre-doux, salé-sucré, épicé.

Préparation : 10 minutes **Temps de cuisson :** 10 minutes **Pour 4 personnes**

LE CHAMPIGNON DE PARIS

Ingrédients • *800 g de champignons de Paris • 1 citron • 2 étoiles de badiane • 1 g de mélange cinq-épices • 20 g de sucre semoule • vinaigre de Xérès • huile de tournesol • 20 g de beurre • sel et poivre*

La tête

Nettoyer les champignons.
Couper les pieds et les réserver.
Éplucher la tête et réserver la pelure.
Citronner légèrement la tête des champignons.

Le pied

Hacher grossièrement le pied des champignons.
Rissoler les pieds dans une poêle 5 minutes avec le beurre.
Ajouter le sucre et les étoiles de badiane entières et faire cuire encore 5 minutes sur feu vif en remuant.
Hors du feu, verser 1 cuillerée à café de vinaigre de Xérès ; saler et poivrer.
Laisser refroidir.

La pelure

Saupoudrer la pelure des champignons du mélange cinq-épices.
Frire dans une poêle 15 secondes avec 10 centilitres d'huile bien chaude.
Réserver sur du papier absorbant.

Préparation : 15 minutes_**Temps de cuisson :** 35 minutes_**Pour 4 personnes**

LA CHÂTAIGNE

Ingrédients *• 600 g de châtaignes • 2 g de poudre de cannelle • 100 g de sucre semoule • 25 cl de lait • 80 g de beurre • fleur de sel et poivre*

_Les châtaignes

Inciser les châtaignes à l'aide d'un couteau.
Cuire 5 minutes dans une casserole d'eau bouillante.
Laisser refroidir puis éplucher.

_Le croustillant

Émincer 100 grammes de châtaignes.
Déposer quelques grains de fleur de sel sur les rondelles et passer 30 minutes au four à 130 °C (th. 4-5) pour les déshydrater.

_Le confit

Cuire 200 grammes de châtaignes dans 30 centilitres d'eau avec le sucre pendant 30 minutes.

_La purée

Porter à ébullition le lait dans une casserole avec le reste des châtaignes, la poudre de cannelle et le beurre.
Laisser cuire pendant 10 minutes. Saler, poivrer et mixer.
Servir bien chaud.

châtaignes _ croustillant _ confit _ purée

QUELLES SENSATIONS ?

La châtaigne au pluriel.

chair _ crème _ feuilles

QUELLES SENSATIONS ?

Douceur du chou-fleur cuit et puissance de la chair crue.

Préparation : 15 minutes **Temps de cuisson :** 15 minutes **Pour 4 personnes**

LE CHOU-FLEUR

Ingrédients • *1 chou-fleur* • *1 citron* • *1 pointe de couteau de muscade* • *30 cl de lait* • *huile d'olive* • *sel et poivre*

La chair

Laver le chou-fleur puis détacher les bouquets. Réserver quelques feuilles bien vertes.
Mixer la moitié du chou-fleur dans une grande quantité d'eau citronnée jusqu'à l'obtention d'une semoule fine.
Récupérer le chou mixé à l'aide d'une écumoire ; saler, poivrer et mélanger avec 2 centilitres d'huile d'olive.

La crème

Cuire l'autre moitié de chou-fleur dans une casserole avec le lait et la muscade, puis mixer afin d'obtenir la consistance d'une crème ; saler et poivrer.
Laisser refroidir.

Les feuilles

Frire les feuilles réservées dans une poêle avec un peu d'huile pendant 1 minute sur feu doux.
Servir bien assaisonné en sel et poivre.

LA COURGETTE

Ingrédients • *4 courgettes et 4 fleurs de courgettes* • *le jus d'1/2 citron* • *Tabasco® vert* • *huile d'olive* • *sel et poivre*

_Les rubans

Détailler 2 courgettes crues non épluchées en fines lamelles dans le sens de la longueur.
Saler et poivrer ; arroser d'1 cuillerée à soupe d'huile et mélanger.

_La fleur

Détacher les fleurs de courgettes et les nettoyer délicatement.
Dans une poêle les faire frire avec 2 cuillerées à soupe d'huile pendant 1 minute.
Réserver sur du papier absorbant ; saler et poivrer.

_La pulpe

Éplucher les 2 autres courgettes.
Mixer la chair avec le jus de citron et 3 gouttes de Tabasco® vert.
Saler et poivrer.

rubans _ fleurs _ pulpe

QUELLES SENSATIONS ?

Fraîcheur du légume cru.

feuilles _ caramel _ tombée

QUELLES SENSATIONS ?

Acide et amer par son caramel, relevé par le croustillant des feuilles de l'endive desséchée.

L'ENDIVE

Ingrédients • *600 g d'endives • 50 g de sucre semoule • 1 citron • 1 branche de romarin • huile d'olive • 30 g de beurre • sel et poivre*

_Les feuilles

Prélever 6 feuilles d'endive et les faire blanchir 20 secondes dans une casserole d'eau bouillante.
Égoutter les feuilles et les disposer à plat sur la plaque du four en les badigeonnant d'huile.
Passer 40 minutes au four à 120 °C (th. 4) pour les déshydrater.

_Le caramel

Prélever le cœur des endives avec un couteau pointu.
Déposer le sucre dans une petite casserole et verser 2 cuillerées à soupe d'eau.
Ajouter le cœur des endives et cuire jusqu'à l'obtention d'un caramel doré.
Arrêter la cuisson hors du feu avec quelques gouttes de jus de citron.
Laisser refroidir.

_La tombée

Faire tomber les endives dans une casserole avec le beurre et le jus du citron.
Laisser cuire 5 minutes sur feu doux avec la branche de romarin. Saler et poivrer.
Laisser refroidir dans une passoire.

LA GIROLLE

Ingrédients • *600 g de girolles • 1 feuille de laurier • 15 feuilles de verveine fraîche • 25 cl de crème fleurette • 5 cl d'huile d'olive • 50 g de beurre • sel et poivre*

L'huile

Laver délicatement les girolles en ôtant une partie des queues et les faire mariner dans 5 centilitres d'huile d'olive avec la feuille de laurier pendant 15 minutes.

Les girolles

Cuire les girolles dans une petite casserole d'eau salée pendant 2 minutes.
Réserver dans la casserole l'eau de cuisson et 200 grammes des girolles cuites.
Sauter les girolles restantes dans une poêle avec le beurre pendant 5 minutes sur feu doux.

Le velouté

Porter à ébullition le jus de cuisson avec les girolles réservées et la crème.
Ajouter les feuilles de verveine et laisser cuire 3 minutes. Saler et poivrer.
Mixer jusqu'à obtenir une consistance de velouté et filtrer.

huile _ girolles _ velouté

QUELLES SENSATIONS ?

La verveine sublime la girolle.

haricots _ gelée _ purée

QUELLES SENSATIONS ?

Légèreté d'un produit à la réputation lourde.

LE HARICOT ROUGE

Ingrédients *• 400 g de haricots rouges • 2 feuilles de gélatine • 3 cl de vinaigre balsamique • 2 cl de vinaigre de vin • huile de cacahuète • 100 g de beurre • sel et poivre*

_ Les haricots

Cuire les haricots dans une casserole d'eau bouillante salée pendant 20 minutes sur feu doux.
Égoutter et laisser refroidir.
Réserver l'eau de cuisson.
Enrober d'huile de cacahuète la moitié des haricots ; saler et poivrer.
Faire réduire de moitié dans une petite casserole sur feu doux le vinaigre balsamique et le répartir à côté des haricots.

_ La gelée

Ramollir les feuilles de gélatine dans un petit bol d'eau froide pendant 2 minutes.
Prélever 5 centilitres d'eau de cuisson des haricots, y ajouter le vinaigre de vin et la gélatine essorée ; saler, poivrer et garder au frais.

_ La purée

Mixer l'autre moitié des haricots avec 10 centilitres de jus de cuisson et le beurre jusqu'à l'obtention d'une purée. Saler et poivrer.

Préparation : 15 minutes _ **Temps de cuisson :** 20 minutes _ **Pour 4 personnes**

LE NAVET

Ingrédients • *600 g de navets avec fanes* • *1/2 gousse de vanille* • *15 cl de crème fleurette* • *huile de pistache* • *huile pour friture* • *50 g de beurre* • *fleur de sel et poivre*

_ Les fanes

Couper les fanes des navets.
Les faire blanchir 15 secondes dans une casserole d'eau bouillante salée, puis les plonger rapidement dans de l'eau très froide pour stopper la cuisson.
Réchauffer les fanes 2 minutes sur feu doux avec 20 grammes de beurre et la gousse de vanille ; saler et poivrer.

_ Les chips

Couper en fines rondelles 8 navets non épluchés.
Frire les navets 3 minutes dans 10 centilitres d'huile de friture bien chaude.
Réserver sur du papier absorbant.
Saupoudrer de fleur de sel.

_ Les navets

Cuire les navets restants dans une casserole d'eau bouillante salée pendant 10 minutes puis les plonger rapidement dans l'eau froide pour stopper la cuisson.
Laisser refroidir.

_ La purée

Porter à ébullition la crème dans une casserole avec la moitié des navets refroidis. Laisser cuire 3 minutes à feu doux. Ajouter le beurre restant et 1 cuillerée à soupe d'huile de pistache ; saler et poivrer.
Mixer jusqu'à l'obtention d'une purée onctueuse.

fanes _ chips _ navets _ purée

QUELLES SENSATIONS ?

Suave et amer.

oignons _ chapeaux rôtis _ purée _ caramel

QUELLES SENSATIONS ?

Mariage insolite de la cardamome et de l'oignon.

L'OIGNON

Ingrédients • *5 beaux oignons* • *1 g de cardamome* • *30 g de sucre* • *vinaigre de Xérès* • *70 g de beurre* • *sel et poivre*

_ Les oignons

Cuire les oignons avec leur peau sur une plaque dans le four à 170 °C (th. 5-6) pendant 30 minutes.
Couper ensuite 4 oignons aux trois quarts en conservant les chapeaux.
Évider la pulpe de chacun à l'aide d'une petite cuillère et la réserver au chaud.
Éplucher entièrement le cinquième oignon et le garder entier.

_ Les chapeaux rôtis

Rôtir les chapeaux des 4 oignons dans une poêle avec 20 grammes de beurre pendant 2 minutes sur feu doux. Saler et poivrer.

_ La purée

Mixer la pulpe réservée et encore chaude avec le cinquième oignon, le beurre restant et la cardamome.
Farcir les oignons de cette purée.

_ Le caramel

Réaliser un caramel dans une casserole sur feu doux avec le sucre, quelques pelures d'oignons et 2 cuillerées à soupe d'eau jusqu'à l'obtention d'un joli doré.
Hors du feu, arrêter la cuisson avec un trait de vinaigre de Xérès.

LE PETIT POIS

Ingrédients • *800 g de petits pois* • *10 feuilles de menthe* • *50 cl de lait* • *20 cl de crème fleurette* • *sel et poivre*

_ Les petits pois

Blanchir les petits pois écossés pendant 3 minutes dans une casserole d'eau bouillante salée.
Plonger les petits pois rapidement dans de l'eau très froide pour arrêter la cuisson.

_ La glace

Mixer 200 grammes de petits pois avec la crème. Saler et poivrer.
Entreposer 15 minutes au congélateur.
Mixer à nouveau juste avant de servir.

_ Le velouté

Porter à ébullition le lait dans une casserole avec les petits pois restants et les feuilles de menthe et maintenir à feu doux pendant 1 minute. Saler et poivrer.
Mixer jusqu'à l'obtention d'un velouté mousseux.

petits pois _ glace _ velouté

QUELLES SENSATIONS ?

Jeu de textures et de températures.

poivrons _ peau _ vinaigrette _ chair

QUELLES SENSATIONS ?

Un légume adouci, totalement digeste.

LE POIVRON

Ingrédients • *4 beaux poivrons rouges* • *le jus d'1/2 citron* • *1 clou de girofle* • *huile d'olive* • *fleur de sel* • *sel et poivre*

_Les poivrons

Couper les poivrons dans la longueur, les épépiner et ôter les queues.
Cuire à feu doux dans une casserole d'eau bouillante salée avec le clou de girofle pendant 15 minutes.
Égoutter et à l'aide d'une cuillère, décoller délicatement la chair de la peau. Réserver.

_La peau

Poser la peau des poivrons sur une plaque badigeonnée d'huile d'olive. Passer 15 minutes au four à 160 °C (th. 5-6). Saupoudrer de fleur de sel.

_La vinaigrette

Mixer 1 cuillerée à soupe de chair de poivron avec le jus de citron et 2 centilitres d'huile d'olive ; saler et poivrer.

_La chair

Écraser grossièrement le reste de chair à l'aide d'une fourchette.
Incorporer 1 cuillerée à soupe d'huile d'olive ; saler, poivrer et mélanger.

LA POMME DE TERRE

Ingrédients • *5 très belles pommes de terre Roseval* • *1 petite cuillerée à café de massalé* • *1 g de cannelle* • *1 g de noix de muscade* • *10 cl de crème fleurette* • *huile de tournesol* • *fleur de sel et poivre*

Les pommes de terre

Cuire les pommes de terre non épluchées dans une casserole d'eau bouillante salée avec le massalé pendant 15 minutes environ.

Plonger les pommes de terre dans de l'eau froide pour stopper la cuisson.

Éplucher soigneusement et réserver la peau.

La crème

Porter à ébullition la crème avec 1 pomme de terre coupée en morceaux et la cannelle ; assaisonner de fleur de sel et de poivre ; mixer.

Les chips

Plonger la peau des pommes de terre 1 minute dans 10 centilitres d'huile très chaude. La déposer sur un papier absorbant.

Saupoudrer de noix de muscade et de fleur de sel.

pommes de terre _ crème _ chips

QUELLES SENSATIONS ?

Les épices en douceur.

velouté _ concassé _ chair

QUELLES SENSATIONS ?

Les premiers jours d'automne.

Préparation : 10 minutes – **Temps de cuisson :** 40 minutes – **Pour 4 personnes**

LE POTIMARRON

Ingrédients • *1 potimarron* • *2 feuilles de laurier* • *50 cl de lait* • *huile de noix* • *50 g de beurre* • *sel et poivre*

Le velouté

Éplucher le potimarron, le couper en deux et ôter les pépins.
Réserver 50 grammes de chair et faire cuire le restant dans une casserole d'eau bouillante salée avec les feuilles de laurier. Égoutter.
Porter à ébullition le lait dans une casserole avec les trois quarts de la chair cuite (réserver le quart restant). Saler et poivrer.
Mixer afin d'obtenir un velouté mousseux.

La chair

Écraser grossièrement à l'aide d'une fourchette le quart restant de chair cuite avec le beurre.
Saler et poivrer.

Le concassé

Concasser finement la chair crue réservée. Saler, poivrer et napper d'huile de noix.

44

LA TOMATE

Ingrédients *• 8 belles tomates • 2 feuilles de gélatine • 6 feuilles de basilic • 3 branches de thym • 40 g de sucre • vinaigre de Xérès • huile d'olive • huile pour friture • fleur de sel et poivre*

_La compote

Inciser les tomates et les plonger 30 secondes dans une casserole d'eau bouillante. Arrêter aussitôt la cuisson en les passant sous l'eau froide.
Peler délicatement les tomates et réserver la peau.
Couper les tomates en quatre et ôter tous les pépins.
Chauffer dans une casserole à couvert la moitié des tomates 3 minutes sur feu doux.
Récupérer et filtrer l'eau de cuisson et la réserver au chaud.
Ajouter aux tomates cuites dans la casserole 20 grammes de sucre et 2 cuillerées à soupe de vinaigre de Xérès. Laisser cuire 10 minutes sur feu doux en remuant ; saler et poivrer.

_La gelée

Infuser les feuilles de basilic 5 minutes dans l'eau de cuisson des tomates encore chaude.
Ramollir les feuilles de gélatine 2 minutes dans un bol d'eau froide.
Ajouter la gélatine essorée à l'eau des tomates et réserver au réfrigérateur.

_Le confit

Étaler sur la plaque du four tous les morceaux de tomates crues restants. Badigeonner d'huile d'olive, saupoudrer du restant de sucre, de fleur de sel et de thym effeuillé.
Passer 30 minutes au four à 130 °C (th. 4-5).

_Le croustillant

Plonger la peau des tomates 30 secondes dans l'huile très chaude.
Déposer sur un papier absorbant et saler.

compote _ gelée _ confit _ croustillant

QUELLES SENSATIONS ?

Déstructuration et concentration.

Les poissons

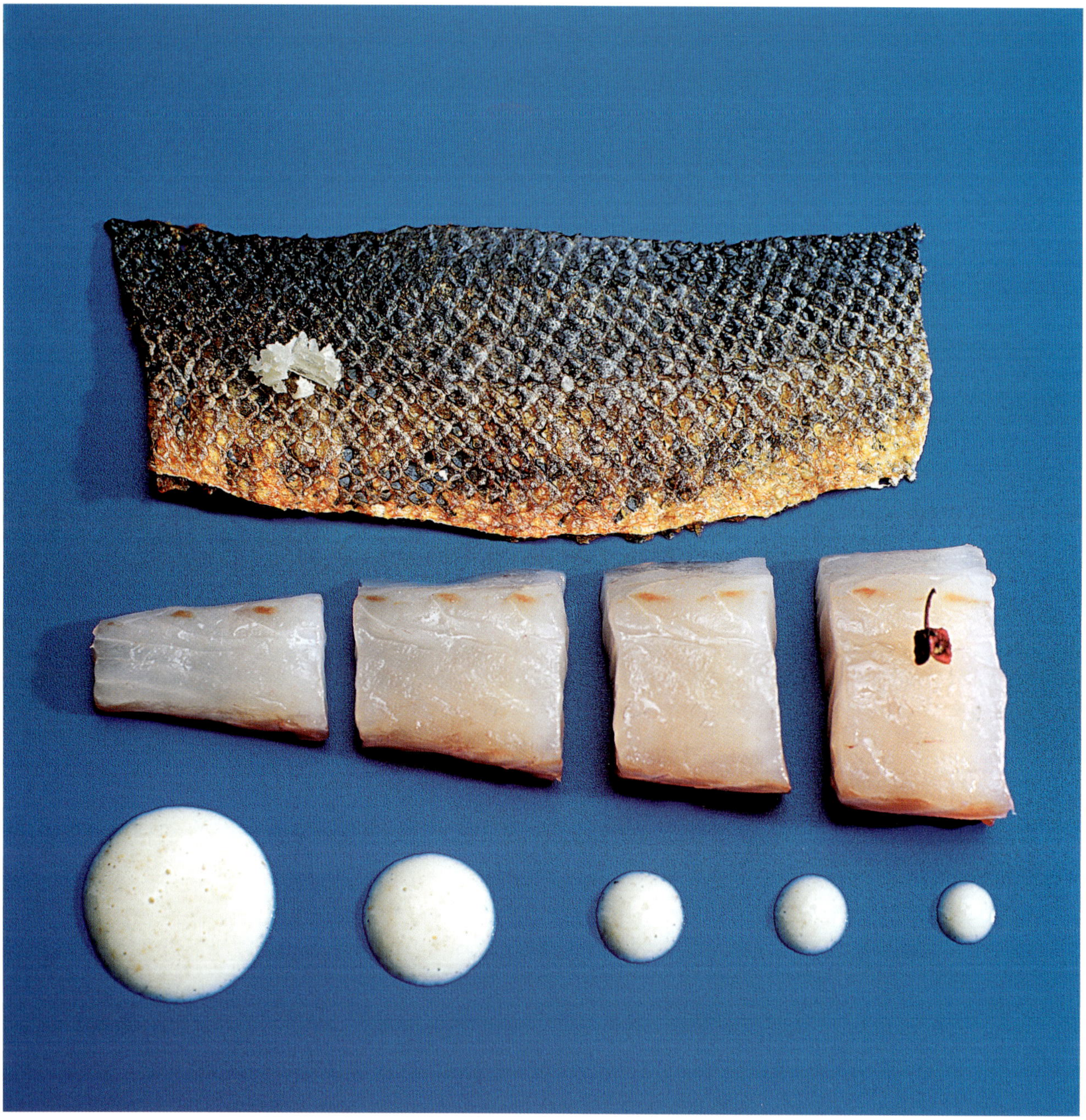

filet _ peau _ sauce

QUELLES SENSATIONS ?

Croustillant iodé de la peau, amertume des œufs, délicatesse du bar.

LE BAR

Ingrédients *• 1 bar de 500 g avec ses œufs • 1 oignon • 1 carotte • 2 feuilles de laurier • 25 cl d'huile d'olive • 3 cl de lait • 1 g de poudre de réglisse • fleur de sel • 5 g de poivre du Sichuan*

Le filet

Écailler le bar. Lever les filets, enlever la peau (la réserver) et les arêtes.

Déposer les filets dans un plat, assaisonner et recouvrir avec l'oignon et la carotte coupés finement. Ajouter le laurier et l'huile d'olive.

Laisser mariner 24 heures au frais enveloppé de film alimentaire.

Égoutter les 2 filets puis les découper en deux dans le sens de la longueur et en quatre dans la largeur avant de servir.

Réserver l'huile de la marinade.

La peau

Enduire la peau du bar d'huile de marinade. La déposer dans une poêle chaude et presser fermement en recouvrant d'une casserole ; cuire 3 minutes à feu doux.

Décoller la peau à l'aide d'une spatule. Saupoudrer de quelques grains de fleur de sel au moment de servir.

La sauce

Chauffer le lait avec la poudre de réglisse puis incorporer les œufs du bar et laisser cuire 1 minute.

Assaisonner et mixer.

Préparation : 20 minutes _ **Temps de cuisson :** 25 minutes _ **Pour 4 personnes**

LE CABILLAUD

Ingrédients • *800 g de filets de cabillaud* • *250 g d'œufs de cabillaud* • *10 cl de lait* • *1 gousse de vanille* • *30 g de beurre* • *fleur de sel*

_ Le croustillant

Écraser dans une assiette 50 grammes d'œufs de cabillaud.
Faire dessécher 15 minutes au four à 140 °C (th. 4-5).
Broyer les œufs au pilon.

_ Les œufs rôtis

Cuire dans une poêle chaude 4 morceaux de 40 grammes d'œufs pendant 2 minutes de chaque côté.

_ La sauce

Porter à ébullition le lait dans une petite casserole avec la gousse de vanille fendue en deux et le reste des œufs.
Cuire à petits bouillons pendant 2 minutes et mixer.

_ Le filet

Retirer la peau du filet de cabillaud. Le couper en 4 morceaux.
Cuire les morceaux de cabillaud à feu doux avec le beurre pendant 3 minutes sur chaque face.
Saupoudrer d'une pincée de fleur de sel avant de servir.

croustillant _ œufs rôtis _ sauce _ filet

QUELLES SENSATIONS ?

Amertume des œufs et douceur de la vanille.

encre _ tartare _ anneaux

QUELLES SENSATIONS ?

De la consistance et du caractère.

L'ENCORNET

Ingrédients *• 1,2 kg d'encornets • 1 g de spigol (mélange d'épices à base de safran) • huile de cacahuète grillée • huile d'olive • sel et poivre*

_L'encre

Nettoyer et vider les encornets en gardant les poches d'encre.
Percer les poches et filtrer l'encre à la passoire fine.
Recouvrir d'huile de cacahuète pour que l'encre ne sèche pas.

_Les anneaux

Couper en anneaux le reste des encornets. Les jeter dans une poêle très chaude avec un peu d'huile d'olive. Cuire 2 minutes et assaisonner.

_Le tartare

Découper 100 grammes d'encornets en petits dés. Les mélanger avec le spigol ; saler et poivrer.

LE HADDOCK

Ingrédients • *600 g de haddock* • *10 cl de lait* • *le jus d'1/2 citron* • *2 cuillerées à soupe d'huile de pépins de raisin* • *2 brins d'estragon* • *2 g de café moulu* • *sel et poivre*

_ Le haddock poché

Chauffer le lait dans une casserole sur feu moyen, assaisonner puis pocher 4 morceaux de 100 grammes de haddock à feu doux pendant 3 minutes.
Égoutter et réserver le lait de cuisson.

_ La mousse

Réchauffer le lait de cuisson du haddock avec le café moulu.
Mixer afin d'obtenir une mousse aérienne.

_ Le tartare

Couper en petits dés le haddock restant et les mélanger avec le jus de citron, 2 cuillerées à soupe d'huile et l'estragon haché ; assaisonner.

haddock poché _ tartare _ mousse

QUELLES SENSATIONS ?

Arômes virils de café et de fumé sur le haddock face à la fraîcheur de l'estragon.

homard _ crème _ pinces _ caramel _ poudre

QUELLES SENSATIONS ?

Le Tabasco® joue avec la mer.

Préparation : 30 minutes (+ 15 minutes d'infusion) **Temps de cuisson :** 30 minutes **Pour 4 personnes**

LE HOMARD

Ingrédients • *2 homards de 500 g • 5 cl de crème fleurette • Tabasco® vert • 20 g de beurre • 30 g de sucre • 1 cuillerée à soupe de vinaigre de Xérès • sel et poivre*

Le homard

Plonger les homards dans un court-bouillon bien salé en ébullition, couvrir et laisser cuire 10 minutes.
Détacher le corps, enlever la carapace (la réserver avec le corail) et servir la chair.

La crème

Décortiquer les entre-pinces ; les mixer avec la crème, assaisonner et relever avec 6 gouttes de Tabasco® vert.
Réserver au frais.

Les pinces

Décortiquer les pinces. Les rôtir 1 minute de chaque côté dans une poêle chaude avec le beurre.

Le caramel

Chauffer le sucre dans une casserole avec 1 cuillerée à soupe d'eau.
Porter à ébullition jusqu'à coloration.
Retirer du feu et verser aussitôt le vinaigre de Xérès pour arrêter la cuisson.
Plonger une carapace de homard et laisser infuser 15 minutes. Retirer la carapace et servir.

La poudre

Déshydrater le corail 30 minutes au four à 130 °C (th. 4-5).
Laisser refroidir et broyer au pilon jusqu'à l'obtention d'une poudre.

L'HUÎTRE

Ingrédients • *2 douzaines d'huîtres • 2 feuilles de gélatine • 20 g de citronnelle • 2 cuillerées à soupe d'huile d'amande • quelques zestes de citron • sel et poivre*

Le sorbet

Ouvrir 1 douzaine d'huîtres. Réserver l'eau.
Mixer la chair des huîtres pendant 1 minute puis la congeler dans un récipient pendant 20 minutes.
Mixer à nouveau au moment de servir.

La gelée

Ramollir les feuilles de gélatine pendant 2 minutes dans une petite tasse d'eau froide.
Porter à ébullition l'eau des huîtres dans une casserole pendant 1 minute avec la citronnelle.
Ajouter la gélatine essorée.
Filtrer et réserver au frais.

Les huîtres pochées

Ouvrir 8 huîtres et les pocher dans 5 centilitres d'eau salée pendant 30 secondes.

Le concassé

Ouvrir les 4 huîtres restantes, enlever l'eau et les concasser.
Mélanger avec l'huile d'amande et quelques zestes de citron.

sorbet _ gelée _ huîtres pochées _ concassé

QUELLES SENSATIONS ?

L'iode dans tous ses états.

gelée _ sirop _ corps

QUELLES SENSATIONS ?

Un concentré de crustacé.

Préparation : 10 minutes **Temps de cuisson :** 30 minutes **Pour 4 personnes**

LA LANGOUSTINE

Ingrédients • *12 langoustines* • *4 feuilles de gélatine* • *1 g de poudre de réglisse* • *30 g de sucre* • *1 pointe de piment d'Espelette* • *2 cuillerées à soupe d'huile d'amande douce* • *fleur de sel*

La gelée

Décortiquer les langoustines.
Faire griller les têtes au four à 170 °C (th. 5-6) pendant 15 minutes.
Plonger les têtes dans 50 centilitres de court-bouillon et laisser cuire 10 minutes.
Prélever ensuite 40 centilitres de bouillon (réserver le reste pour le sirop).
Ramollir les feuilles de gélatine dans une petite tasse d'eau froide pendant 2 minutes. Incorporer la gélatine essorée dans le bouillon avec la poudre de réglisse.
Assaisonner de fleur de sel et laisser prendre au réfrigérateur.

Le sirop

Faire réduire le bouillon réservé dans une casserole avec le sucre et le piment d'Espelette jusqu'à l'obtention d'un liquide sirupeux.

Le corps

Mélanger délicatement les langoustines avec l'huile d'amande douce. Assaisonner de fleur de sel.

LA MOULE

Ingrédients • *1 litre de moules* • *le jus d'1/2 citron* • *2 cl d'huile d'olive* • *0,5 g de safran* • *2 feuilles de gélatine* • *sel et poivre*

La vinaigrette

Décortiquer une douzaine de moules crues.
Mixer la chair avec le jus de citron et l'huile d'olive. Assaisonner.

Les moules

Porter à ébullition un verre d'eau dans une grande casserole puis verser le reste des moules.
Cuire à couvert 6 minutes sur feu vif en remuant de temps en temps.
Retirer les moules du jus et laisser refroidir.

La gelée

Ramollir les feuilles de gélatine dans une petite tasse d'eau froide pendant 2 minutes.
Porter à ébullition le jus de cuisson des moules avec le safran pendant 1 minute puis incorporer la gélatine essorée.
Laisser prendre au réfrigérateur.

vinaigrette _ moules _ gelée

QUELLES SENSATIONS ?

Association délicate du safran et de l'iode.

raie pochée _ rillette _ raie rôtie _ vinaigre

QUELLES SENSATIONS ?

La nervosité du vinaigre réveille la chair de la raie.

Préparation : 15 minutes **Temps de cuisson :** 10 minutes **Pour 4 personnes**

LA RAIE

Ingrédients • *4 joues de raie • 600 g de raie • poudre de cannelle • 50 g de beurre ramolli • 30 g de persil • huile d'olive • 4 cl de vinaigre de Xérès • sel et poivre*

La raie pochée

Pocher à feu doux, dans un court-bouillon, les joues de raie pendant 1 minute et la raie pendant 8 minutes. **Laisser refroidir**. Retirer la peau et saupoudrer la chair de cannelle.

La rillette

Hacher 100 grammes de chair de raie. À l'aide d'une fourchette la mélanger avec le beurre ramolli et le persil ciselé. **Assaisonner** et réserver au frais.

La raie rôtie

Faire rôtir 4 morceaux de 80 grammes de raie dans une poêle très chaude avec un filet d'huile d'olive pendant 1 minute de chaque côté.

Le vinaigre

Réduire le vinaigre de Xérès aux trois quarts. Servir en accompagnement.

Préparation : 15 minutes **Temps de cuisson :** 15 minutes **Pour 4 personnes**

LA RASCASSE

Ingrédients • *2 rascasses* • *20 g de beurre* • *huile d'olive* • *1 oignon* • *1 carotte* • *1 feuille de laurier* • *0,5 g de safran* • *sel et poivre*

La peau

Écailler les rascasses. Lever les filets (réserver les têtes et les arêtes) et déposer la peau sur une assiette.
Badigeonner la peau d'huile d'olive et la mettre dans une poêle chaude en la pressant fermement avec le fond d'une casserole.
Cuire 3 minutes à feu doux puis décoller la peau à l'aide d'une spatule.

Le fumé

Laver les têtes et les arêtes sous l'eau froide, les mettre dans une casserole avec l'oignon, la carotte et la feuille de laurier.
Mouiller à hauteur. Cuire à feu doux jusqu'à réduction de moitié.
Filtrer, assaisonner et ajouter le safran. Servir bien chaud (réserver 3 centilitres pour la cuisson des filets).

Les filets

Couper en deux chaque filet. Dans une casserole, cuire 4 morceaux avec 3 centilitres de fumé pendant 6 minutes sur feu moyen.
Cuire les 4 autres morceaux dans une poêle chaude avec un peu d'huile d'olive pendant 1 minute sur chaque face et assaisonner.

peau _ fumé _ filets

QUELLES SENSATIONS ?

Un parfum de Méditerranée.

filets _ foie _ vinaigrette

QUELLES SENSATIONS ?

Le goût iodé du rouget souligné par la fleur de sel, et la légère amertume du foie.

LE ROUGET

Ingrédients • *2 rougets de 500 g* • *huile d'olive* • *20 g de beurre* • *1 branche de romarin* • *vinaigre balsamique* • *fleur de sel* • *poivre*

Les filets

Lever les filets. Les cuire dans une poêle avec un peu d'huile d'olive sur feu doux, pendant 2 minutes côté peau, puis 1 minute côté chair.
Réserver l'huile de cuisson pour la vinaigrette.

La vinaigrette

Récupérer l'huile de cuisson des filets, ajouter le romarin et laisser infuser 5 minutes.
Verser ensuite quelques gouttes de vinaigre balsamique.

Le foie

Cuire le foie des rougets avec le beurre dans une petite casserole pendant 1 minute ; assaisonner.

LA SAINT-JACQUES

Ingrédients • *8 noix de Saint-Jacques avec corai • 1 cuillerée à soupe d'huile de noisette • 3 cl de lait • 1 pointe de paprika • 20 g de beurre • 4 feuilles de laurier • sel et poivre*

Le tartare

Hacher finement à l'aide d'un couteau 4 noix de Saint-Jacques. Saler, poivrer et mélanger avec l'huile de noisette.
Réserver au frais.

La sauce

Chauffer le lait avec le paprika dans une casserole.
Ajouter le corail et laisser cuire 1 minute.
Mixer finement.

Les noix

Dorer les 4 noix restantes avec le beurre et les feuilles de laurier dans une poêle à feu doux 1 minute de chaque côté.

tartare _ sauce _ noix

QUELLES SENSATIONS ?

La finesse de la Saint-Jacques crue opposée à la personnalité du corail au paprika.

filets crus _ filets cuits _ émulsion _ rillette

QUELLES SENSATIONS ?

La sardine sort de sa boîte.

Préparation : 20 minutes **Temps de cuisson** : 2 minutes **Pour 4 personnes**

LA SARDINE

Ingrédients • *4 belles sardines fraîches* • *1 boîte de sardines à l'huile* • *1 citron jaune* • *le jus d'1/2 citron vert* • *50 g de beurre* • *fleur de sel* • *poivre maniguette*

Les filets crus

Écailler les sardines et lever les filets. Ôter les arêtes et assaisonner.

Les filets cuits

Cuire dans une casserole 4 filets avec 2 centilitres d'eau citronnée et salée pendant 2 minutes à feu doux. **Égoutter** et laisser refroidir.

L'émulsion

Récupérer l'huile de la boîte de sardines, puis à l'aide d'un mixeur émulsionner avec le jus de citron vert.

La rillette

Écraser à l'aide d'une fourchette les sardines à l'huile avec le beurre ramolli, le poivre maniguette concassé et quelques grains de fleur de sel.

LE SAUMON

Ingrédients *• 600 g de saumon d'Écosse • huile d'olive • 1 yaourt • le jus d'1/2 de pamplemousse • graines de grenade séchées • fleur de sel*

La peau

Écailler la peau du saumon et la retirer du filet. La couper en quatre et la badigeonner d'huile.
Déposer la peau dans une poêle chauffée à feu moyen et la presser fortement avec le fond d'une casserole.
Cuire 3 minutes à feu doux.
Décoller délicatement la peau à l'aide d'une spatule.
Saupoudrer de fleur de sel avant de servir.

La sauce

Mixer 100 grammes de saumon avec 1 yaourt et le jus de pamplemousse. Assaisonner.

La purée

Mixer 100 grammes de saumon avec 1 cuillerée à soupe d'huile d'olive. Assaisonner.

Le rôti

Découper 200 grammes de saumon en gros dés et les saisir très rapidement dans une poêle bien chaude. Saupoudrer de fleur de sel.

Le cru

Découper 200 grammes de saumon en gros dés et déposer sur chacun 1 graine de grenade séchée.

peau _ sauce _ purée _ rôti _ cru

QUELLES SENSATIONS ?

Toute une gamme d'acidité face au gras du saumon.

pavé _ tartare _ crème

QUELLES SENSATIONS ?

Tout cru mais habillé d'épices.

LE THON

Ingrédients • *600 g de thon rouge* • *huile d'amande* • *30 g de gingembre* • *3 cl de crème fleurette* • *sauce soja* • *curry* • *fleur de sel* • *poivre 5 baies*

Le pavé

Découper 4 pavés de 70 grammes de thon.
Faire mariner dans l'huile d'amande avec le gingembre émincé pendant 24 heures au frais recouvert de film alimentaire.
Égoutter et réserver l'huile de la marinade.
Saupoudrer les pavés de poivre 5 baies et de fleur de sel.
Servir accompagné d'1 petite cuillerée de sauce soja.

Le tartare

Hacher finement 280 grammes de thon à l'aide d'un couteau.
Mélanger avec 2 cuillerées à soupe d'huile de la marinade.
Assaisonner et réserver au frais.

La crème

Mixer le reste de thon avec la crème fleurette assaisonnée d'une pointe de curry.

Les viandes et volailles

haut de côte _ carré _ ris _ jus

QUELLES SENSATIONS ?

Harmonie séduisante entre le beurre noisette et le ris.

L'AGNEAU

Ingrédients • *400 g de haut de côte • 1 carré d'agneau de 8 côtes • 3 brins de sarriette • 150 g de ris d'agneau • mélange cinq-épices • 20 g de beurre • sel et poivre*

_ Le haut de côte

Assaisonner le haut de côte avec sel, poivre et sarriette.
Glisser au four à 170 °C (th. 5-6) pendant 35 minutes. Réserver le jus de cuisson.

_ Le carré

Démarrer la cuisson à feu doux 2 à 3 minutes sur une plaque à rôtir, puis passer au four à 170 °C pendant 15 minutes.
Laisser reposer 10 minutes avant de découper les côtes.

_ Le ris

Cuire le ris d'agneau dans une petite poêle dans un beurre noisette pendant 3 minutes sur feu doux. Assaisonner.

_ Le jus

Récupérer 2 centilitres de jus de cuisson du haut de côte et incorporer le mélange cinq-épices.

L'ANDOUILLE

Ingrédients • *600 g d'andouille • 10 cl d'huile de tournesol • 30 g de beurre • 3 cl de crème fleurette • 10 g de moutarde • cumin • sel et poivre*

_ Le croustillant

Couper quelques fines tranches d'andouille puis les faire frire dans l'huile pendant 2 minutes. **Réserver** sur un papier absorbant.

_ L'andouille rôtie

Découper 4 tranches épaisses d'andouille, puis les rôtir 6 minutes à feu doux dans une sauteuse avec le beurre. Assaisonner.

_ La crème

Porter à ébullition la crème fleurette avec 50 grammes d'andouille coupée en morceaux. Cuire 2 minutes. **Incorporer** hors du feu la moutarde et mixer le tout.

_ Les rondelles

Découper quelques rondelles d'andouille et en retirer plusieurs anneaux. Les saupoudrer de cumin.

croustillant – andouille rôtie – crème – rondelles

QUELLES SENSATIONS ?

Le salé enjolivé par le cumin.

dés _ bouillon _ quenelle

QUELLES SENSATIONS ?

Le bouillon chaud parfumé par l'huile de pistache apporte une cuisson lente au bœuf cru.

Préparation : 20 minutes (+ 24 heures de marinade) **Temps de cuisson :** 10 minutes **Pour 4 personnes**

LE BŒUF

Ingrédients *• 600 g de rumsteak • 4 cuillerées à soupe d'huile de pistache • poivre 5 baies • 3 cl de crème fleurette • sel et poivre*

Les dés

Couper 300 grammes de bœuf en dés. Les déposer dans un plat avec l'huile de pistache et un peu de poivre 5 baies.
Couvrir de film alimentaire et laisser mariner 24 heures.

Le bouillon

Dorer dans une casserole 100 grammes de bœuf coupé en morceaux puis ajouter 10 centilitres de bouillon (voir conseil p. 143).
Réduire de moitié, filtrer et assaisonner.
Servir très chaud au tout dernier moment.

La quenelle

Mixer pendant 1 minute le reste de bœuf avec la crème fleurette.
Assaisonner et servir dans le bouillon.

LE BOUDIN

Ingrédients • *480 g de boudin noir* • *20 g de sucre* • *5 cl de lait* • *20 g de moutarde* • *sel et poivre*

Le boudin rôti

Rôtir dans une poêle bien chaude sans matière grasse 4 morceaux de 60 grammes de boudin pendant 4 minutes, puis à feu doux caraméliser avec le sucre pendant 2 minutes.

Le boudin cru

Couper en quatre le reste de boudin qui doit être servi à température ambiante, souligné d'un trait de moutarde.

La mousse

Chauffer le lait avec 30 grammes de boudin jusqu'à ébullition.
Mixer en ajoutant 15 grammes de moutarde pour la liaison.

boudin rôti _ mousse _ boudin cru

QUELLES SENSATIONS ?

La caramélisation atténue le côté gras du boudin cuit.

cuisse _ magret _ peau _ sauce

QUELLES SENSATIONS ?

Accord intéressant entre l'amertume de la sauce et la caramélisation de la peau.

89

LE CANARD

Ingrédients • *1 canard* • *4 cl de crème fleurette* • *20 g de sucre* • *1 branche de romarin* • *sel et poivre*

La cuisse

Rôtir dans une casserole à feu doux sans matière grasse les cuisses du canard salées et poivrées pendant 20 minutes à couvert.

La peau

Retirer la peau des magrets cuits à l'aide d'un couteau puis la faire caraméliser 5 minutes à feu doux avec le romarin.

Le magret

Lever les magrets de la carcasse puis les cuire dans une poêle sans matière grasse pendant 5 minutes côté peau puis 4 minutes sur l'autre face. Réserver.

La sauce

Chauffer la crème puis incorporer le foie du canard. Laisser cuire 1 minute à feu doux. **Assaisonner** et mixer.

LE FOIE GRAS

Ingrédients • *800 g de foie gras cru • 1 blanc d'œuf • 30 g de farine • 8 cl de lait • 10 g de sucre • 4 cuillerées à soupe de vinaigre de Xérès • 1 g de poudre de cannelle • sel et poivre*

_La tuile

Faire fondre 50 grammes de foie gras cru à feu doux dans une casserole.
Mélanger dans un bol le blanc d'œuf avec la farine, 1 pincée de sel et le gras chaud du foie fondu.
Réaliser des petites tuiles avec ce mélange sur une plaque de silicone et les cuire au four 4 minutes à 160 °C (th. 5-6).

_Le crélisse

Porter à ébullition le lait puis réduire le feu, saler et incorporer 400 grammes de foie gras cru coupé en morceaux.
Cuire à feu doux sans faire bouillir pendant 2 minutes, puis mixer et servir aussitôt.

_Le foie poché

Couper en quatre le reste du foie gras cru et le faire pocher 2 minutes dans 25 centilitres d'eau bouillante salée.
Laisser refroidir.

_Le sirop

Réduire de moitié le vinaigre de Xérès avec le sucre et la poudre de cannelle.

tuile _ crélisse _ foie poché _ sirop

QUELLES SENSATIONS ?

L'acidité du vinaigre rehausse le goût du foie gras de manière différente selon sa texture.

craquant _ crème _ caramel

QUELLES SENSATIONS ?

Aérien mais corsé.

93

LE JAMBON CRU

Ingrédients • *7 fines tranches de jambon cru* • *25 cl de crème fleurette* • *2 feuilles de gélatine* • *30 g de sucre* • *1 cuillerée à soupe de vinaigre de Xérès* • *sel et poivre à queue*

_Le craquant

Disposer 4 tranches de jambon sur une plaque et faire cuire au four à 140 °C (th. 4-5) pendant 25 minutes. **Laisser refroidir.**

_La crème

Porter à ébullition la crème avec 2 tranches de jambon pendant 1 minute. Assaisonner. Filtrer à l'aide d'une passoire fine.
Ramollir les feuilles de gélatine dans une petite tasse d'eau froide pendant 2 minutes.
Incorporer à la crème et mixer le tout pour lisser la crème. Verser dans un siphon.
Réserver au frais pendant 2 heures et servir au dernier moment.

_Le caramel

Porter à ébullition dans une casserole le sucre avec 1 cuillerée à soupe d'eau jusqu'à coloration.
Ajouter le vinaigre de Xérès hors du feu pour arrêter la cuisson.
Laisser macérer dans le caramel 1 tranche de jambon avec 5 grains de poivre à queue.

Préparation : 20 minutes **Temps de cuisson :** 40 minutes **Pour 4 personnes**

LE LAPIN

Ingrédients • *1 lapin • 120 g de beurre • 1 branche de thym • 30 g de coriandre • huile de sésame • sel et poivre*

Le râble

Rôtir le râble sur l'os dans une casserole avec une noisette de beurre, la branche de thym, du sel et du poivre pendant 15 minutes à feu doux.
Laisser reposer 10 minutes avant de lever les filets.

Le foie et les rognons

Cuire à feu doux le foie et les rognons dans 20 grammes de beurre pendant 3 minutes.
Servir bien chaud et arroser le tout d'un filet d'huile de sésame.

La cuisse *(en rillette)*

Cuire les cuisses dans un bouillon poivré et salé pendant 40 minutes à feu doux. Les hacher grossièrement.
Mélanger avec 80 grammes de beurre à température ambiante et la coriandre hachée pour obtenir une rillette.
Réserver au frais.

râble _ cuisse _ foie et rognons

QUELLES SENSATIONS ?

La rillette lie les trois morceaux.

blanc – coulis – jaune

QUELLES SENSATIONS ?

L'œuf revisité.

L'ŒUF

Ingrédients • *6 œufs • 20 g de sucre • 12 noisettes grillées • 1 cuillerée à soupe de vinaigre de Xérès • sel • poivre du Sechuan*

Le blanc

Monter 6 blancs d'œufs en neige ferme avec le sucre et 1 pincée de sel.

Le coulis

Mélanger 2 jaunes d'œufs avec du poivre, les noisettes grillées écrasées et le vinaigre de Xérès.

Le jaune

Dresser 4 grosses cuillerées à soupe de blancs sur une plaque.
Poser 1 jaune d'œuf sur chaque blanc et passer le tout 2 minutes à four très chaud (180 °C : th. 6) .

LE PIGEON

Ingrédients • *2 gros pigeons • 30 g de beurre • 1 gousse d'ail • baies roses • 5 cl de crème fleurette • huile d'argan • sel et poivre*

Les cuisses

Détacher les cuisses, puis les rôtir 10 minutes dans une casserole avec 20 grammes de beurre et la gousse d'ail ; saler et poivrer.

Le foie

Retirer le foie, l'assaisonner puis le cuire dans une poêle avec le beurre restant pendant 3 minutes.

La poitrine

Enduire la poitrine d'huile d'argan, saler et poivrer.
Cuire 12 minutes au four à 170 °C (th. 5-6).
Laisser reposer 10 minutes avant de lever les filets.
Saupoudrer de baies roses au moment de servir.

La crème

Porter à ébullition la crème avec le bout des ailes et la carcasse plus 1 cuillerée à soupe d'huile d'argan.
Laisser cuire 2 minutes puis filtrer à l'aide d'une passoire fine.
Assaisonner puis mixer.

cuisses _ foie _ poitrine _ crème

QUELLES SENSATIONS ?

Paradoxe de l'extrême finesse de la chair et de la puissance du goût.

cuisses _ poitrine _ peau _ concassé _ gelée

QUELLES SENSATIONS ?

Complicité de la gelée citronnée et du grillé de la peau.

Préparation : 15 minutes_ **Temps de cuisson :** 30 minutes_ **Pour 4 personnes**

LA PINTADE

Ingrédients *• 1 pintade • 2 cl d'huile d'arachide • 2 branches de sauge • le jus d'1/2 citron • 1 feuille de gélatine • sel et poivre*

_Les cuisses

Lever les cuisses de la pintade, les badigeonner d'huile d'arachide et les rôtir au four à 170 °C (th. 5-6) pendant 20 minutes. Réserver le jus.

_La poitrine

Enlever la peau de la poitrine (la réserver).
Lever les filets puis les cuire 4 minutes à feu doux, avec la sauge, dans un bouillon légèrement salé (voir conseil p. 143).

_La peau

Huiler la peau des deux côtés. La déposer dans une poêle chaude et la presser avec le fond d'une casserole. Maintenir fermement pendant 4 minutes puis la décoller à l'aide d'une spatule.

_Le concassé

Prendre le haut de cuisse rôtie, retirer la peau et l'os.
Concasser la chair et la mélanger au jus de cuisson des cuisses.

_La gelée

Ramollir la feuille de gélatine 2 minutes dans une petite tasse d'eau froide.
Réduire le bouillon de sauge pour en obtenir 5 centilitres. Ajouter le jus de citron.
Plonger la gélatine essorée dans le bouillon. Laisser prendre au réfrigérateur.

LA POITRINE DE PORC

Ingrédients • *800 g de poitrine de porc fraîche* • *30 g de sucre* • *1 cuillerée à soupe de vinaigre de Xérès* • *poudre de cannelle* • *sel et poivre*

Croutillante

Déposer 1 très fine tranche de poitrine dans une poêle chaude (sans matière grasse) et la presser fermement avec le fond d'une casserole pendant 4 minutes.

Blanchie

Cuire 400 grammes de poitrine dans de l'eau salée pendant 40 minutes.
Saupoudrer de cannelle au moment de servir.

Rôtie

Rôtir 300 grammes de poitrine au four à 170 °C (th. 5-6) pendant 40 minutes en l'arrosant avec son jus régulièrement.

Le caramel

Porter à ébullition le sucre avec 1 cuillerée à soupe d'eau jusqu'à coloration.
Ajouter le vinaigre de Xérès hors du feu pour arrêter la cuisson.

croustillante _ blanchie _ rôtie _ caramel

QUELLES SENSATIONS ?

L'acidité du caramel confrontée aux trois textures de la poitrine.

suprême _ crème _ jus _ peau

QUELLES SENSATIONS ?

La note anisée dans le jus réduit compense la fadeur de la chair.

Préparation : 20 minutes — **Temps de cuisson :** 15 minutes — **Pour 4 personnes**

LE POULET

Ingrédients *• 4 suprêmes de poulet • 6 cl de crème fleurette • 5 feuilles de laurier • huile d'arachide • 2 gouttes d'Antésite® • sel et poivre*

Le suprême

Retirer la peau et l'aile des suprêmes de poulet. Les réserver.
Cuire les suprêmes 6 minutes à feu doux dans de l'eau salée avec 3 feuilles de laurier.
Réserver le bouillon.

La crème

Réduire le bouillon de cuisson des suprêmes presque en totalité avec 2 feuilles de laurier.
Ajouter la crème, laisser réduire de moitié. Vérifier l'assaisonnement, ôter les feuilles de laurier et mixer le tout.

Le jus

Couper les ailes en petits morceaux puis les faire dorer 5 minutes à la poêle dans un peu d'huile.
Ajouter 5 centilitres d'eau et laisser réduire jusqu'à l'obtention d'1 centilitre de jus. Verser 2 gouttes d'Antésite®.
Filtrer le jus dans une passoire fine.

La peau

Huiler la peau des deux côtés.
Déposer dans une poêle chaude et presser avec le fond d'une casserole. Maintenir ainsi fermement pendant 4 minutes puis la décoller à l'aide d'une spatule.

LE VEAU

Ingrédients *• 560 g de filet de veau • huile de noisette • 4 cl de crème fleurette • 8 fleurs de coriandre • 1 cl de jus d'orange • 20 g de beurre • sel et poivre*

_ Le tartare

Détailler 160 grammes de veau en petits dés. Assaisonner puis mélanger avec 2 cuillerées à soupe d'huile de noisette.

_ La crème

Mixer 120 grammes de veau avec la crème fleurette jusqu'à l'obtention d'une crème onctueuse.
Assaisonner et ajouter les fleurs de coriandre.

_ Le médaillon

Préchauffer une poêle. Couper 4 médaillons de 60 grammes puis les rôtir avec le beurre 1 minute de chaque côté.
Assaisonner et réserver au chaud.

_ Le jus

Couper 40 grammes de veau en petits morceaux.
Déposer dans une casserole avec le beurre, assaisonner et laisser colorer pendant 5 à 6 minutes à feu moyen.
Ajouter 2 centilitres d'eau et le jus d'orange, laisser réduire de moitié et filtrer le jus dans une passoire fine.

tartare _ crème _ jus _ médaillon

QUELLES SENSATIONS ?

Le veau s'exprime crescendo : de la douceur de la crème à la puissance du jus concentré par l'orange.

Le sucré

croustillant _ confit _ crème _ sirop

QUELLES SENSATIONS ?

Un dessert parfumé avec un produit rarement travaillé.

Préparation : 10 minutes **Temps de cuisson :** 20 minutes **Pour 4 personnes**

L'ABRICOT SEC

Ingrédients • *500 g d'abricots secs* • *220 g de sucre* • *5 g de thé Earl Grey en feuilles* • *20 cl de lait* • *5 feuilles de mélisse* • *1 pointe de poivre long d'Indonésie*

Le croustillant

Disposer sur la plaque du four 100 grammes d'abricots secs et les aplatir à l'aide d'une cuillère.
Saupoudrer de 20 grammes de sucre et passer au four 15 minutes à 140 °C (th. 4-5).

Le confit

Déposer les 400 grammes d'abricots restants dans une casserole, ajouter 200 grammes de sucre, les feuilles de thé et 25 centilitres d'eau.
Cuire 15 minutes à feu doux.
Égoutter les abricots confits.
En réserver 100 grammes ainsi que le jus de cuisson.

La crème

Porter à ébullition le lait avec les feuilles de mélisse.
Laisser infuser hors du feu pendant 5 minutes sous couvert.
Retirer les feuilles, ajouter les 100 grammes d'abricots réservés et mixer.

Le sirop

Réduire en poudre le poivre noir dans la moitié du jus de cuisson des abricots confits.

L'ANANAS

Ingrédients • *1 ananas* • *200 g de sucre* • *1 g de poivre maniguette* • *le jus d'1/2 citron*

La chair

Couper la tête de l'ananas avec un couteau-scie et épluchez-le.
Partager l'ananas en quatre dans le sens de la hauteur. Récupérer le cœur et le réserver.
Détailler la chair en dés.
Les mélanger avec 50 grammes de sucre, le poivre maniguette écrasé et le jus de citron.
Laisser macérer 10 minutes.

Le confit

Déposer dans une poêle les 4 morceaux du cœur de l'ananas, ajouter le sucre restant et 2 cuillerées à soupe d'eau.
Cuire à feu doux jusqu'à caramélisation des cœurs.

La soupe

Récupérer le jus de macération et la moitié des dés d'ananas.
Porter à ébullition et laisser cuire pendant 5 minutes puis mixer.

chair _ confit _ soupe

QUELLES SENSATIONS ?

Agréable surprise : même le cœur se déguste.

croustillant _ banane rôtie _ banane poêlée _ crème

QUELLES SENSATIONS ?

Et la banane devient légère.

Préparation : 5 minutes **Temps de cuisson** : 20 minutes **Pour 4 personnes**

LA BANANE

Ingrédients • *5 bananes • 200 g de sucre • 2 g de cannelle en poudre • 40 g de beurre • 20 cl de lait • 1 gousse de vanille*

Le croustillant

Éplucher 1 banane. Couper délicatement 8 lamelles dans la longueur. Les poser sur une plaque en silicone, saupoudrer de 50 grammes de sucre et de cannelle.
Passer au four 15 minutes à 150 °C (th. 5).

La banane rôtie

Couper 2 bananes en quatre morceaux chacune sans les peler. Les poser dans une casserole avec 50 grammes de sucre et 20 grammes de beurre.
Cuire pendant 5 minutes à couvert.
Saupoudrer de 20 grammes de sucre le dessus des bananes et les caraméliser à l'aide d'un chalumeau.

La banane poêlée

Éplucher et couper les 2 dernières bananes en 8 rondelles chacune.
Cuire les rondelles 30 secondes de chaque côté dans une poêle bien chaude avec le beurre restant.

La crème

Porter à ébullition le lait dans une casserole avec les 80 grammes de sucre restant, la gousse de vanille fendue en deux et 4 rondelles de banane poêlées.
Cuire pendant 3 minutes et mixer.

LE CHOCOLAT

Ingrédients *• 800 g de chocolat noir • 120 g de sucre*
• 57 cl de lait • 12 cl de crème fleurette

Les copeaux

Faire fondre le chocolat coupé en morceaux dans une casserole à feu très doux.
Étaler 120 grammes de chocolat fondu sur une plaque en lissant avec une spatule. Laisser refroidir.
Réaliser quelques copeaux à l'aide de la spatule.

La glace

Mélanger dans un récipient assez haut 240 grammes de chocolat fondu avec le sucre et 32 centilitres de lait.
Placer au congélateur pendant 15 minutes puis mixer.
Remettre au congélateur pendant 10 minutes et mixer à nouveau.

La larme

Incorporer la crème fleurette à 320 grammes de chocolat fondu en fouettant très énergiquement.

La mousse

Mixer le chocolat restant avec 25 centilitres de lait bien chaud afin d'obtenir une mousse.

copeau _ glace _ larme _ mousse

QUELLES SENSATIONS ?

Craquant et amertume, adoucis par le froid de la glace et le tiède de la mousse.

confit – sirop – concassé

QUELLES SENSATIONS ?

Surprise et fraîcheur.

Préparation : 5 minutes **Temps de cuisson :** 20 minutes **Pour 4 personnes**

LE FENOUIL

Ingrédients *• 4 fenouils • 300 g de sucre • 2 feuilles de laurier • 2 citrons • 10 feuilles d'estragon • eau de fleur d'oranger*

Le confit

Couper les 4 fenouils en morceaux et les plonger dans 3 litres d'eau froide citronnée.
Mixer le tout pendant 3 minutes puis passer au chinois.
Cuire 90 % du fenouil mixé avec le sucre, le laurier et 1 citron coupé en deux pendant 20 minutes sur feu doux en remuant régulièrement.
Réserver le jus de cuisson. Servir bien froid.

Le sirop

Récupérer 4 centilitres du jus de cuisson et y incorporer les feuilles d'estragon ciselées ; mélanger.

Le concassé

Mélanger le reste du fenouil mixé avec 2 gouttes d'eau de fleur d'oranger.

LA FIGUE

Ingrédients • *10 figues fraîches* • *4 figues sèches* • *200 g de sucre* • *10 cl de lait* • *2 étoiles de badiane* • *2 grains de lavande* • *1 citron* • *sel et poivre*

Le croustillant

Découper 4 figues fraîches en rondelles, les poser sur une plaque en silicone, saupoudrer de 20 grammes de sucre et passer au four 1 heure à 120 °C (th. 4).

La figue rôtie

Cuire dans une casserole 6 figues fraîches coupées en deux avec le sucre restant et les étoiles de badiane pendant 10 minutes à feu doux (en cours de cuisson arroser régulièrement de sirop le dessus des figues).
Réserver le jus.

La figue sèche

Incorporer les 4 figues sèches aux figues rôties de l'étape précédente et cuire pendant 2 minutes.

La crème

Porter à ébullition le lait avec les grains de lavande, ajouter 4 demi-figues rôties et mixer.

La gelée

Récupérer le jus de cuisson des figues rôties et ajouter 1 rondelle de citron.
Porter à ébullition et laisser cuire 2 minutes. Réserver au frais.

croustillant _ figue rôtie _ figue sèche _ crème _ gelée

QUELLES SENSATIONS ?

Une vraie sensualité.

croustillant _ gelée _ coulis _ sorbet _ mousse

QUELLES SENSATIONS ?

Textures et jeux de température qui dévoilent ce fruit dans sa totalité.

LA FRAISE

Ingrédients • *500 g de fraises* • *300 g de sucre* • *2 feuilles de gélatine* • *3 grains de poivre de Sichuan* • *10 cl de lait*

Le croustillant

Émincer 4 fraises et disposer les lamelles sur une plaque en silicone ; saupoudrer de 20 grammes de sucre.
Passer au four pendant 20 minutes à 140 °C (th. 4-5).

La gelée

Ramollir les feuilles de gélatine dans de l'eau froide pendant 2 minutes.
Déposer les fraises équeutées dans une casserole avec le sucre restant.
Cuire à feu doux pendant 3 minutes. Réserver.
Récupérer 5 centilitres de jus de cuisson, y incorporer la gélatine avec les grains de poivre écrasés.
Répartir la gelée dans le fond de quatre verres.

Le coulis

Mixer les fraises dans leur jus de cuisson et laisser refroidir.

Le sorbet

Mettre la moitié du coulis dans un récipient assez haut et placer au congélateur pendant 15 minutes.
Mixer puis remettre au congélateur pendant 10 minutes et mixer à nouveau.

La mousse

Mixer 10 centilitres de coulis avec le lait très chaud afin d'obtenir une mousse onctueuse.

LE LAIT

Ingrédients • *1 litre de lait • 100 g de sucre • 3 feuilles de gélatine • 5 feuilles de basilic • 2 gouttes d'arôme naturel de jasmin • 1 g de poudre de vanille*

Le croustillant

Chauffer le lait dans une casserole avec le sucre. Retirer la casserole du feu juste avant l'ébullition. Laisser refroidir pendant quelques minutes.
Récupérer délicatement la peau du lait et la déshydrater sur une plaque en silicone pendant 15 minutes dans le four à 130 °C (th. 4-5).

La gelée

Ramollir les feuilles de gélatine dans de l'eau froide pendant 2 minutes.
Porter à ébullition dans une casserole 40 centilitres de lait sucré.
Laisser infuser les feuilles de basilic dans le lait hors du feu puis filtrer au chinois.
Incorporer les feuilles de gélatine et réserver au frais.

Le sirop

Faire réduire dans une casserole 40 centilitres de lait sucré avec l'arôme naturel de jasmin jusqu'à l'obtention d'un sirop. Laisser refroidir.

La mousse

Porter à ébullition dans une casserole le reste du lait avec la poudre de vanille et mixer hors du feu pour obtenir une mousse légère.

croustillant _ gelée _ sirop _ mousse

QUELLES SENSATIONS ?

Émotions de l'enfance.

coulis _ sorbet _ mangue rôtie

QUELLES SENSATIONS ?

L'onctuosité de la mangue et l'impertinence de la fleur de sel.

Préparation : 15 minutes **Temps de cuisson :** 6 minutes **Pour 4 personnes**

LA MANGUE

Ingrédients *• 3 mangues mûres • 150 g de sucre • 5 graines de cardamome • le jus d'1 citron • 20 g de beurre • fleur de sel*

Le coulis

Éplucher 2 mangues. Les couper en morceaux et les cuire dans une casserole 5 minutes à feu doux avec le sucre, les graines écrasées de cardamome et le jus de citron.
Mixer et laisser refroidir.

Le sorbet

Récupérer les trois quarts du coulis et entreposer au congélateur pendant 15 minutes dans un récipient assez haut.
Mixer pendant 30 secondes et remettre au congélateur 10 minutes puis mixer à nouveau.

La mangue rôtie

Éplucher la troisième mangue et la couper en dés. Les rôtir 1 minute à feu vif dans une poêle chaude avec le beurre.
Servir chaud avec quelques grains de fleur de sel.

Préparation : 15 minutes _ **Temps de cuisson :** 10 minutes _ **Pour 4 personnes**

LA NOIX DE COCO

Ingrédients • *1 litre de lait de coco • 100 g de noix de coco râpée • 200 g de sucre • 5 brins de coriandre*

_Le râpé

Déposer la noix de coco râpée sur une plaque en silicone et la faire dorer au four à 170 °C (th. 5-6) pendant 5 minutes. Réserver.

_La glace

Chauffer le lait de coco avec le sucre dans une casserole pendant 3 minutes à feu doux jusqu'à frémissement.
Réserver au chaud la moitié du lait.
Laissez refroidir l'autre moitié puis l'entreposer au congélateur dans un récipient assez haut pendant 15 minutes.
Mixer et remettre au congélateur pendant 10 minutes puis mixer à nouveau.

_Le sirop

Faire infuser la coriandre dans 30 centilitres de lait de coco sucré bien chaud pendant 5 minutes.
Filtrer puis faire réduire jusqu'à l'obtention d'un sirop.

_La mousse

Mixer à chaud le reste du lait de coco sucré afin d'obtenir une mousse légère.

râpé _ glace _ sirop _ mousse

QUELLES SENSATIONS ?

Suave et soyeux.

croustillant _ confit _ sirop _ chair

QUELLES SENSATIONS ?

L'acide et l'amer tout en douceur.

LE PAMPLEMOUSSE

Ingrédients • *3 pamplemousses* • *10 cl d'huile de pépins de raisin* • *200 g de sucre* • *1 cuillerée à café de vinaigre de Banyuls* • *1 cuillerée à soupe d'eau de rose*

Le croustillant

Prélever au zesteur 50 grammes de peau de pamplemousse.
Frire la peau dans une poêle avec l'huile de pépins de raisin pendant 20 secondes.
Réserver sur un papier absorbant.

Le sirop

Récupérer le jus de cuisson de la peau des pamplemousses.
Porter à ébullition le jus dans une casserole pendant 1 minute avec le vinaigre de Banyuls.

Le confit

Prélever la peau des pamplemousses et la couper en lanières. Les déposer dans une casserole avec 5 centilitres d'eau et le sucre.
Cuire à feu doux pendant 15 minutes. Réserver.

La chair

Prélever la chair des pamplemousses en enlevant soigneusement la peau blanche.
Arroser d'eau de rose au moment de servir.

Préparation : 10 minutes **Temps de cuisson** : 30 minutes **Pour 4 personnes**

LA POIRE

Ingrédients • *6 poires* • *200 g de sucre* • *le jus d'1 citron* • *30 g de beurre demi-sel* • *2 clous de girofle*

Le croustillant

Émincer, sans les éplucher, 2 poires dans la longueur et poser les lamelles sur une plaque en silicone.
Saupoudrer de 20 grammes de sucre et passer au four à 130 °C (th. 4-5) pendant 30 minutes.

La compote

Peler 2 poires, les couper en morceaux et les cuire dans une casserole pendant 15 minutes à feu doux avec 130 grammes de sucre et le jus de citron.
Mixer en incorporant le beurre.

La poire rôtie

Couper, sans les éplucher, les deux dernières poires en tranches épaisses.
Rôtir les poires dans une poêle chaude avec le sucre restant, les clous de girofle et 2 cuillerées à soupe d'eau pendant 4 minutes de chaque côté.

croustillant _ compote _ poire rôtie

QUELLES SENSATIONS ?

Le grain de la poire roule sur le beurre salé.

chair _ croustillant _ sirop

QUELLES SENSATIONS ?

Toutes les saveurs de la pomme sans l'acidité.

135

LA POMME

Ingrédients • *4 pommes* • *200 g de sucre* • *15 g de beurre* • *1 étoile de badiane*

_La chair

Laver et couper les pommes en deux, les poser dans une casserole avec 180 grammes de sucre et cuire pendant 15 minutes à feu doux et à couvert.

Retirer les pommes du jus de cuisson (réserver celui-ci).

Prélever délicatement la chair. Réserver la peau.

Écraser grossièrement la chair avec une fourchette en incorporant le beurre.

Garder au frais.

_Le croustillant

Déposer les peaux sur un papier sulfurisé, saupoudrer de 20 grammes de sucre et passer 15 minutes au four à 140 °C (th. 4-5).

_Le sirop

Récupérer le jus de cuisson des pommes et porter à ébullition pendant 2 minutes avec 1 étoile de badiane. Laisser refroidir.

136

LE PRUNEAU

Ingrédients *• 500 g de pruneaux dénoyautés • 2 feuilles de gélatine • 150 g de sucre • 2 g de poudre de réglisse • 10 cl de crème fleurette • 10 g de beurre*

La gelée

Ramollir les feuilles de gélatine dans de l'eau froide pendant 2 minutes.
Déposer les pruneaux dans une casserole avec le sucre et 20 centilitres d'eau.
Porter à ébullition pendant 3 minutes puis stopper la cuisson. Réserver les pruneaux.
Récupérer 10 centilitres de jus de cuisson dans un récipient, ajouter la poudre de réglisse et la gélatine.
Garder au frais.

La crème

Porter à ébullition la crème.
Incorporer 100 grammes de pruneaux et mixer.

Le pruneau rôti

Ajouter le beurre aux pruneaux restants et reprendre la cuisson pendant 5 minutes à feu vif tout en remuant.

gelée _ crème _ pruneau rôti

QUELLES SENSATIONS ?

Le pruneau joue enfin en solo.

croustillant _ caramel salé _ crème _ émulsion

QUELLES SENSATIONS ?

Le sucre dans tous ses états.

139

LE SUCRE

Ingrédients • *500 g de sucre* • *20 cl de crème fleurette* • *150 g de beurre demi-sel* • *20 cl de lait* • *1/2 fève de Tonka*

Le croustillant

Verser le sucre dans une casserole avec 4 cuillerées à soupe d'eau.
Porter à ébullition à feu moyen jusqu'à l'obtention d'un caramel doré. Retirer du feu.
Tremper les pointes d'une fourchette dans le caramel, attendre 5 secondes puis remuer la fourchette énergiquement au-dessus d'une assiette afin d'obtenir de fins filaments de sucre.
Renouveler l'opération rapidement 10 fois.

Le caramel salé

Incorporer le beurre dans la moitié du caramel restant à l'aide d'une spatule.
Laisser refroidir à température ambiante.

La crème

Porter à ébullition la crème, incorporer la demi-fève de Tonka concassée et la moitié du caramel restant.
Laisser cuire 3 minutes à feu doux en remuant avec un fouet.

L'émulsion

Porter à ébullition le lait avec le reste du caramel et laisser cuire 2 minutes.
Mixer hors du feu et laisser refroidir.

LE TAPIOCA

Ingrédients • *500 g de gros tapioca (ou perle du Japon) • 10 cl d'huile • 5 g de romarin • 220 g de sucre • 1 gousse de vanille • vinaigre de Xérès*

Le croustillant

Frire 100 grammes de tapioca sec à la poêle dans l'huile chaude avec le romarin pendant 3 minutes.
Égoutter sur un papier absorbant.
Saupoudrer de 20 grammes de sucre.

Le tapioca poché

Porter à ébullition 1 litre d'eau avec 100 grammes de sucre et la gousse de vanille fendue dans sa longueur.
Incorporer 350 grammes de tapioca et laisser cuire 5 minutes en remuant.
Verser dans une passoire et laisser refroidir.

Le caramel

Porter à ébullition dans une casserole 100 grammes de sucre avec 1 cuillerée à soupe d'eau.
Plonger le tapioca sec restant et cuire jusqu'à coloration.
Arrêter la cuisson avec un filet de vinaigre de Xérès.

croustillant _ tapioca poché _ caramel

QUELLES SENSATIONS ?

Réhabilitation d'un mal-aimé.

ASSOCIATIONS

L'asperge	accompagnée par l'ail équilibrée avec l'œuf accompagne le saumon
Le chou-fleur	accompagné par la poitrine de porc équilibré avec le poivron accompagne l'encornet
Les moules	accompagnées par le haricot rouge équilibrées avec la girolle accompagnent la raie
Le thon	accompagné par la courgette équilibré avec l'aubergine accompagne la tomate
Le jambon	accompagné par l'abricot sec équilibré avec le cèpe ou le champignon de Paris accompagne la Saint-Jacques
L'œuf	accompagné par le cèpe équilibré avec le haddock accompagne le lapin
La poitrine de porc	accompagnée par la figue équilibrée avec le navet ou l'oignon accompagne le cabillaud
L'abricot	accompagné par la carotte équilibré avec le lait accompagne le canard
La figue	accompagnée par le foie gras équilibrée avec le tapioca accompagne le boudin

RECOMMANDATIONS

Absorption
Avant cuisson dans une matière grasse, toujours bien essuyer les produits (poissons, viandes) à l'aide d'un papier absorbant afin d'éviter les projections de graisse et l'accroche au récipient.

Bouillon
Recette de base du bouillon pour 1 litre d'eau : 1 carotte, 1 oignon, 1 poireau, 2 feuilles de laurier, 1 branche de thym.

Déshydratation au four
Si vous n'avez pas de plaque en silicone ni de papier sulfurisé, vous pouvez, à l'aide d'un pinceau, enduire la plaque de votre four avec de l'huile, avant de poser les produits pour les déshydrater.

Gelée
Une fois la gélatine ramollie dans de l'eau froide, plonger toujours les feuilles dans un liquide très chaud pour une meilleure efficacité. La gélatine peut même subir une ébullition.

Glace
Pour réaliser une glace utiliser un récipient assez haut et métallique de préférence.
Mixer la préparation, entreposer 15 minutes au congélateur. Mixer à nouveau et remettre 15 minutes au congélateur.

Grillade des peaux
Après avoir grillé la peau des volailles ou des poissons dans une casserole ou une poêle, toujours la décoller à chaud à l'aide d'une spatule métallique.

Légumes verts
Plonger les légumes verts dans de l'eau très froide en fin de cuisson permet d'arrêter celle-ci et de fixer la chlorophylle : ils resteront ainsi bien verts et se conserveront mieux.

Mousse
Pour faire une mousse, chauffer le lait et le retirer du feu juste avant l'ébullition, car c'est la meilleure température. Mixer en mouvements de va et vient et de haut en bas, jusqu'à l'obtention d'une mousse parfaite. Laisser reposer la mousse 1 à 2 minutes avant d'en déposer 1 cuillerée dans l'assiette : elle sera plus stable après ce temps d'attente.

Oxydation
Les acides comme le citron ou le vinaigre évitent aux différents produits de s'oxyder et donc de noircir (chou, navet, pomme…).

Poêle
Pour la cuisson des poissons, une poêle antiadhésive est préférable, ce qui permet de ne pas utiliser trop de matières grasses. L'inox, lui, est intéressant pour la récupération des sucs des viandes.

Sauce
Pour éviter une texture granuleuse, ne jamais refaire bouillir une sauce ou une crème avec des œufs de poisson, de la moutarde ou des foies de volaille.

Sucré
L'acidité du vinaigre dans les sirops ou les caramels permet d'atténuer la sensation de sucré.

Viande
Pour qu'une viande reste tendre et fondante, il faut la laisser reposer 5 à 10 minutes recouverte d'un papier aluminium avant de la servir. On peut même cuire un gigot tôt le matin, le garder dans un plat à température ambiante et le réchauffer à four très chaud 5 minutes avant de le servir au déjeuner.

Patrick Aufauvre et Claude Colliot remercient Stéphanie Vukovic et Antoine Cam pour leur présence toujours chaleureuse et efficace, et pour le professionnalisme qu'ils leur ont offert tout au long de ce travail.
Merci aussi à Isabelle Hortal pour sa patience et sa compétence.
Et un merci particulier à leurs petites familles qui ont supporté la fabrication de ces *Variations Culinaires*.

Conception graphique : francism.com

Connectez-vous sur
www.lamartiniere.fr

isbn : 2-8307-0897-0

Achevé d'imprimer sur les presses
de l'imprimerie Graficas Estella à Estella
Dépôt légal : septembre 2006